FSC

www.fsc.org

MIX

Papier aus ver-
antwortungsvollen
Quellen
Paper from
responsible sources

FSC® C105338

Songbook

Unveröffentlichte Songtexte

Aus dem Depri-Tagebuch
VON VORNE WIE VON HINTEN &
VON HINTEN WIE VON VORNE

Album 1

Aus dem Loch raus

Das Leuchten des Himmelsstern

Volle Power

In aller Wertigkeit

~Wundertätige Medaille,1830~

Ist das Leben gerecht!?

Dies ist ein Tag!

Mitternacht

Anderer Stern

Ein paar Minuten Zeit

Luft und Lieder

Aus dem Loch raus

Alles gleicht sich aus –
In diesem Leben
Es ist der Tanz zwischen
Nehmen und geben!

Ich mache mich auf
Auf zum Aufbruch, ich spring'
Breche auf und bleibe dran
Bis der Durchbruch gelingt!

Ich bin auf dem Durchflug,
durch dieses Leben
Mit den Ohren auf Durchzug,
ich höre sie nicht mehr reden!

Alles was sie sagen
Schwindet im Rauschen
Es wird stumm, ich ziehe weiter durch
Ich drehe mich nicht mehr um!

Refrain;
Mein Wunsch war nie –
Dass, es so sein soll, wie es ist!
Doch das Leben ist leider kein Meer –
An dem einfach alles so sorglos ist!

Und auch auf den Sonnenschein,
da gibt's keine Garantie!
Wünsche und Träume sind schön,
doch wahr, werden sie aber meist nie!

Hinter mir nur Schatten –
Und auch jede Menge Dreck
Ich ziehe weiter in die Sonne!
Immer weiter weg von dem Fleck!

Hoch wie ein Haus
So ist meine Motivation!
Ich balle meine Faust, sammele die Stärke
Und ich halte alles aus!

Die Schippe in die Hand
Ich lege noch eine Schippe drauf!
Ich atme tief ein und ich –
Ich puste einen Orkan wieder aus!

Aus dem Loch raus
So fliege ich rein in das Licht
Nur schwerelos, so das Leben –
Doch leichter zu leben ist!

Das Leuchten des Himmelsstern

Bevor bei mir mal wieder
Land unter ist
Und es mir droht, dass
meine letzte Brücke bricht

Da halte ich mein Gesicht
Schon mal hoch in den Wind
Ganz gleich wie rau auch –
Noch die Stürme sind!

Ich berechne die Situation
einfach mal – ganz ohne Glück
Ich erwarte nichts, so droht mir von
Enttäuschung auch kein Stück!

Ich hoffe echt aufs Gute!
Doch glaube an das Schlimmste!
Wenn du nichts mehr zu verlieren hast –
Ist es die beste Chance, dass du gewinnst!

Refrain:
Alle Zeichen, sie stehen gerade sowas
von – Gegen mich!
Nun lässt die Sonne für den Regen mich
Auch noch im Stich!
Meine Glückssträhne, tzzz.. scheint echt

Gerade weit entfernt!
Doch in der Dunkelheit, da sehe ich –
Das Leuchten des Himmelsstern!
Die Hoffnung sie trägt mich,
immer weiter treibt sie mich voran!
Bei allem was mal war –
Es ist nicht der erste Neuanfang!

So verlasse ich manche Wege
Gehe bedacht weiter voraus
Gehe in Deckung mit voller Achtung –
Bleiben bei der Dunkelheit die Lichter aus!

Gehe ich allein –
Die vielen weiten Schritte
Keine Mühe ist umsonst –
Jedes Ziel ist doch die Strecke!

Und mir leuchten die Sterne –
In all den dunklen Nächten
Sie spenden mir Mut und Zuversicht
Ich stärke wieder meine Schwächen!

So gehe ich weiter –
Wichtig ist, nicht stehen zu bleiben!
Denn nur wer aufgibt,
vergibt den Sieg ans Scheitern!

Volle Power

Wenn ich schreib, wenn ich schreib
Spür ich, dass ich leb
In jeder Zeil', da steckt ein Teil –
Meiner kostbaren Zeit!

Wo nix ist, bau ich was auf!
Brennt der Wille, hab ich Kraft!
Dann ackere ich fürs Ergebnis!
Dann gib ich alles, mehr als alles was ich hab

Wenn ich dichte, wenn ich denk
Spür ich, dass ich da bin, ich bin existent!
LBL(Pre-Refrain)
Ich schreib wenn's in der Seele klemmt –
Wenn es zwickt, und mein Herz im Feuer
brennt!
RE-PLAY (Refrain):
Das Schreiben gibt mir Kraft
Ich weiß, dass wenn ich es will auch
schaff!
Alles was ich hab, geb ich – Volle Power!
Ich zerreiße Widerstände, reiße ein –
Jede Mauer!

Wenn ich kreiere und philosophiere
Entzündet mein Lebenslicht!
In allem was ich verfass, vernichte ich Hass!
Nur fürs Feuerwerk, bau ich mir'n Pulverfass!

Wenn ich träume, wenn ich glaub',
dass da etwas geht – kann mir keiner die
Vorstellung raub'n
LBL(Pre-Refrain)
Ich schreib wenn's in der Seele klemmt –
Wenn es zwickt, und mein Herz im Feuer
brennt!
RE-PLAY (Refrain):
Das Schreiben gibt mir Kraft
Ich weiß, dass wenn ich es will auch
schaff!
Alles was ich hab, geb ich – Volle Power!
Ich zerreiße Widerstände, reiße ein –
Jede Mauer!

Grenzen werde ich alle sprengen
All das Schlechte ins Gute wenden
Alles was nicht gut ist
Ist auch noch lange nicht das Ende!

In aller Wertigkeit

Dein kleines Kindergesicht
Wie du mich ansiehst und –
Wie du zu mir sprichst
Deine kleinen Kinderaugen,
sie erzählen von den Sternen
ich kann und will –
All ihre Geschichten, allzu gerne
Doch wahrhaft glauben!

Deine ersten Schritte,
die ich mit dir gegangen bin –
du hast deine kleinen Händchen,
an meinen Händen festgehalten
Es war ein Moment,
in dem ich dachte;
„Dass ich wohl der glücklichste Mensch,
dieser Welt doch bin"!

Und mit dir das erste Mal –
Beim Stadtfest – „Hafenfest" in Marburg,
auf dem Karussell, wir drehten uns –
gleichbleibend schnell
Und während sich im Augenblick, meine
Gedanken nur um dich drehten –
Erschien es mir, als stünde die Welt doch,
ganz still!

Und all die Bilder und Eindrücke
Diese waren alle noch so neu für dich
Für mich gibt's nichts Schöneres mehr zu
sehen,
als wie – dass, du glücklich bist!

Ich danke Gott und ich –
Danke all den Sternen,
dass ich dich habe, denn ich –
ich habe dich so gerne!
Und ich mag diese Stadt, die mir schon so
viel gegeben hat –
All die schönen Texte, die ich an ihren
schönen Plätzen,
alle doch schreiben kann!
Vielen Dank in aller Wertigkeit –
Mein Marburg an der Lahn!

~Wundertätige Medaille, 1830~

Welch ein Zufall, welch ein
Wunderzeichen
Vor ca. 3 Wochen noch,
dachte ich an alte Zeiten
Ich dachte zurück,
seltsamerweise und unerklärlich
An einen Ferienurlaub,
von schon – 1998

Damals war ich gerade 12 Jahre alt
6 Wochen Sommerferien –
14 Tage davon war ich mit meiner Schwester
Und mit meinen Eltern in Bayern
Erinnere mich gut, wir liefen alle Vier
Bergauf auf Pflastersteinen zu einer Kirche,
um diese zu besichtigen
Dort war am Hof, eine etwas ältere Dame,
Nonne –
Sie sprach mit uns, schenkte uns eine
~Wundertätige Medaille~
Sie solle uns den Glauben festigen

Die Medaille solle Gottes Segen senden
Solle Schutz auf allen Wegen bringen
Wie schon gesagt, seltsamer Weise –
Kam mir dieser Augenblick in den Sinn!

Ich erinnerte mich zurück –
An diese Begebenheit,
So klar – sah ich noch all die Bilder vor mir
Und nun gut 3 Wochen vergangen, der
Urlaub –
Dieser ist bereits 23 Jahre her
Und nun laufe ich am Wegesrand, dort liegt
In meinem Blickfeld eine „Art Münze" hier

Meine ~Wundertätige Medaille~ hatte ich
leider,
doch all die Jahre über schon längst verloren
Es tat mir leid und ich war auch echt
enttäuscht
Und da! Plötzlich schien es mir,
als hätte ich von mir etwas wiedergefunden
„Sieh mal an" – Welch ein großer Zufall –
An der Hecke, an der Kreuzung zum Hof,
an dieser alltäglich passierten Ecke, wo ich
vorbeilief –
Lag sie nun tatsächlich da, wo ich vor 3
Wochen erst,
diesen Urlaub in Erinnerung rief!

Seltsam, sehr kurios – All die Jahre,
dachte ich nie darüber nach – so groß
Hätte ich doch diese
~Wundertätige Medaille~

In jeder Kirche bestimmt bekommen
Doch gar nicht so weit,
habe ich jemals gedacht –
Nun habe ich mir dieses Fundstück,
auf diesem Wege doch mitgenommen!

Ich glaube, ja an Bestimmung
Ich glaube, ja an Zeichen –
Nichts geschieht ohne Grund!
Du und Mama leben neben einer Kirche
Am Weg, an diesem Hang, beim
Kirchengrund

Ich habe Gott nie in meinem Leben
verleugnet
Hin und wieder mal am Glauben gezweifelt
Aber ich glaube dies wird jeder Mensch
einmal!
Aber waren wir doch immer vereint!

„O Maria, ohne Sünde empfangen,
bitt für uns, die wir unsere Zuflucht zu dir
nehmen"

M ✝ 🌍

Ist das Leben gerecht!?

Manche Tage schmecken –
Wie süßer Wein
Andere dafür wie –
Saurer Regen
Keine großen Erfolge
Nur leere Tafeln
Einsam schreibt ein jeder Dichter,
hier im Leben!

So viele Melodien –
Die da spielen
Sie ziehen mich in die Tiefe,
meiner Seele hinein
Mein Lebensrhythmus ist –
Klassisch, Rock'n'Roll
Weich wie die Butter und –
Auch mal hart wie der Stein!

Das Leben bietet viel
Manchmal puren Spaß, mal Herzgefühl
Ist es ein gerechter Gefährte!?
Wer weiß dies schon!?
Alles komme doch, bei Himmel und Erde!

Mal bringt das Leben –
Freundliche Gesichter
Mal nur finstere Gestalten
Keine erhellten Lichter!

Mal spendet es ein –
Fröhliches Lachen
Mal würde ich am liebsten –
All meine Sachen packen!

Mal ist das Leben farbenfreudig – bunt
Spendet Trost für trübe Tage
Mal ist es trist, monoton im Dauergrau
Spendet keine Hoffnung auf eine bessere
Lebenslage!
Manchmal bricht die –
Ganze Welt wahrlich auseinander!
Dafür steht sie einen Tag später
Noch fester beieinander!

Mal fallen Tränen
Aus purer Freude
Manchmal wünscht man sich –
Ewigkeit an einem Tag wie heute
Manchmal kann man –
Etwas kaum erwarten!
Willst du etwas verändern!?
Dann musst du das Verändern starten!

Dies ist ein Tag!

Meine Seele, die mit Tränen ringt
Mein Herz, das sich
absturztief mit Trauer betrinkt
Müder Mund der nicht spricht
In allen Ecken meiner Seele sticht's

Mein Geist ist in die Enge gedrängt
Vernunft die sich dazu zwängt!
Gedanken fallen mir so schwer!
Warum fühle ich mich nur so leer!?

Bridge:
Gefühle im Regensturm
Suche vergebens nach dem
Rettungsturm
Refrain:
Dies ist ein Tag, an dem du –
Mit mir nix gewinnst!
Ganz gleich welche Hoffnung
Und welche Freude du auch mitbringst!
Dies ist kein Moment, in dem du –
Mit mir Punkte landest!
Ich kann dir gar nicht sagen, seit wann
schon
Mein Lachen verschwand!

Wo hat der Stern denn nur
Sein ganzes Glück verstreut!?
Mir erscheint es nur –
Als dass ich, mein Leben vergeud'

Ich sage dir –
Wenn Träume erstmal enden
Schmerzerfüllt, so stehst du da –
Mit ganz leeren Händen!

Da gibt's keinen Hoffnungsschimmer
Fern von jedem kleinen Glück
Im Verlieren ein Gewinner!
Trostlos ist so mancher Augenblick!

Müder Mund der nicht spricht
In allen Ecken meiner Seele sticht's
Bleibt mir wieder zu schreiben –
Geteiltes Leid ist halbes Leiden!

Bridge:
Gefühle im Regensturm
Suche vergebens nach dem
Rettungsturm
Refrain:
...

Mitternacht

Der Tag zieht vorüber
Und die Nacht erwacht
Voller Gänsehaut und Schrecken
Dämonen haben sich aufgemacht!

All die Geister der Albträume
In allen Ecken meiner Räume –
Da fangen sie zu tanzen an
In der Mitternacht!

Getrieben von Verzweiflung, verlorene
Macht
Zu viel Verlust, verführt zum Hass!
Suhlend im eigenen Leid –
Dämonen tanzen zur Mitternacht!

Refrain:
Finstere Gedanken, die kein Ende finden
Tanz der Dämonen, auf brennenden
Klippen!
Sie legen nach, sie legen nach –
In dem sie, Kohle ins Feuer schütten!
Gemeingefährlich zerreißen sie
Hirn und Verstand!
Mitternacht beginnt –
Und sie fangen erst an!

Mitternachtsstunde, sie hat erst begonnen
Die Nacht sie erwacht!
Diabolische Netze sind gesponnen
Du wirst um den Verstand gebracht!

All die durchlebenten Depressionen
Die überlebten starken Explosionen
Dämonen fangen an zu tanzen –
Zur Stunde null – zur Mitternacht!

Getrieben von Verzweiflung, verlorene
Macht
Zu viel Verlust, verführt zum Hass!
Suhlend im eigenen Leid –
Dämonen tanzen zur Mitternacht!

Refrain:
Finstere Gedanken, die kein Ende finden
Tanz der Dämonen, auf brennenden
Klippen!
Sie legen nach, sie legen nach –
In dem sie, Kohle ins Feuer schütten!
Gemeingefährlich zerreißen sie
Hirn und Verstand!
Mitternacht beginnt –
Und sie fangen erst an!

Anderer Stern

Das Schreiben niemals endet
Weil das Blatt sich immer wendet
Das Papier es geht nicht aus –
Und die Tinte sie läuft heraus!

Zeilen die entstehen, sind meine
Gedanken, die ihre Wege gehen
Sie strömen durch mein Gehirn
Wenn ich sie verlese, könnt ihr sie hören

Ich bin in meinem Element
Im Feuer jede Flamme brennt
Ich schreibe für mein Leben gern
Ich leb' wohl auf einem anderen Stern!

Füller, Tinte an der Feder
Bücherband aus Paperback, kein Leder!
Spreche in Zeilen, Reim und Gedicht
Manchmal trostlos, mal voller Zuversicht

Hin und wieder rätselhaft
Hin und wieder auch mit Lösung
Sowohl als auch, alles steckt –
in dem Text bei einer meiner Lesung

Ein paar Minuten Zeit

Ein Leben zwischen Straßendreck
Und abgesenkter Bordsteinkante –
Dort wo Leben schneller verendet,
als es noch beginnt!
Wo Tauben auf alles scheißen, was
der Tag denn auch so bringt!

Wo das Leben gerad' mal zusammen-
gekratzte Cents nur wert ist!
Wo fühlbarer Schmerz und Schicksalsschläge
Und es für „nur ein paar Minuten zu spät ist!
Denn bei dem Kummer und Leid im
Gossenverdruss
Fällt ganz, leise und sanft wieder der nächste
„Goldene Schuss"

Gescheiterte Existenzen –
Die sich auf „ich lebe nur heute" begrenzen!
Sie werden als asozial und
Abschaum nur angesehen
Doch der Weg nach unten, der ist rapide –
Und ohne Notbremse,
ist man sehr schnell am Untergehen!

Während die Tauben, was sie kriegen
aufpicken –
Sammeln sie aus den Müllcontainern einen;
„Letzten-Zug-Stummel" einer Kippe!
Ein Tanz um das Feuer,
am schmalen Grat, einer steilen Klippe!

Welch ein „Glückstag"
Wenn sie mal ein paar Euro kriegen!
Doch es reicht niemals, um aus dem Elend
Mal herauszufliegen!
Schicksalsschläge, Krankheiten, Hartz Vier!
Keine Kohle! Keine Arbeit!
Ganz schnell bist du weg vom Fenster hier!

Luft und Lieder

Konzentration fällt mir schwer!
Schreibe diesen Text und ich –
Schiebe noch weitere hinterher!
Ich kann –
Keinen Moment mehr genießen!
Weil in meinen Gedanken,
die Wörter, einfach nur so fließen!
Und sie sich zu diesen Sätzen erschließen
Momente und Erinnerungen –
Die ein einem gemeinsamen Bild sich
ergießen!

Ich habe nicht viel!
Nur so viel von allem – echt zu gebrauchen!
Mein Hirn ist am Denken,
meine Ohren sind am Rauschen!
Meine Gefühle sie strauchen
Ich gib mir keine Zeit, doch auch die –
Kann ich doch so gut gebrauchen!
Von Luft und Liedern,
da kann ich mir nix kaufen!

Da sind Schnipsel und Fragmente
Ich sag meim' Verstand, „ich bin am Ende"!
Wohin denn noch mit dem
Informationsfluss!?
Ich finde einfach keinen Schluss!

Ich schreibe, ich dichte –
Dadurch ich, Zweifel in der Entstehung
vernichte!
Ob kleine feine Reime oder lange Texte –
Ich mache das Meine, dies hier –
Und auch das Nächste!

Die Worte füllen sich weiter,
stehen mir schon bis zum Kragen!
Voller Wortgenuss, wieder mal –
Total auf den Magen geschlagen!
So verfasse ich hier meine Zeilen –
Um diese auch wieder zu teilen!
Trete ich rein, oder trete ich daneben!?
Es bleibt, wie es ist –
Das Schreiben ist mein Leben!

Album 2

Comics & Books

Meine Reise

Aufstehen wie ein Phönix

Kein Pardon

Genau jetzt!

Mit Rückenwind

Tiefschlaf

Rettungswache

ALG

Atlantis

Voller Bilder reich

Comics & Books

Ich schlendere an den Regalen entlang
Ich mag das Papier, von Kindheit an
Die bunten Covers und auch –
All die tollen Geschichten
Videospielmagazine die von –
Videospielen berichten!

Demo-CD's Sticker und Extras!
Teenagerzeit, so was Kostbares!
Sehe ich heute noch all die Comics und
Books
Kaufe sie zwar nicht mehr,
doch ich sie so gern noch anguck'!

Das Papier war schon immer –
Mein Medium!
Ich halte nichts von einer reinen –
Digitalisierung!

Ich rieche so gerne das Papier!
Jede Seite hat ihren Duft!
Ich bin nicht so gern in der
„elektronisch erzeugten" Landschaftsluft!

Ich mochte das Sticker-Aufkleben
Extras und CD's zum Sammeln!
Streamen, digitale Mediatheken
Damit kann ich nichts anfangen!

Klar! Es tut mir auch um die Bäume leid!
Deshalb wäre es echt mal an der Zeit –
Bei all dem Verpackungs- und Kunststoffmüll
Bei Büchern auf Kunststoff umzulenk'n

Denn Bücher aus Kunststoff
Sind auch nicht, natürlich und vergänglich!
Aber besser als zu viele Verpackungen in der
Welt
Bücher sollen zudem ja erhalten bleiben –
Lebenslänglich!

Meine Reise

Mein Leben ist leider kein –
„Geiles Wunschkonzert"!
Doch dafür ist es real! Ganz ohne –
Bilder-Filter verfälscht –
Und nicht verziert!

Wohin meine Reise –
Mich noch führt, weiß keiner!
Doch solange ich dran arbeite –
Geht die Reise,
immer und noch immer weiter!

Ich glaube, ganz fest daran
Vertraue darauf –
Warum ich auch nicht scheitern kann!
Ich gebe alles, was ich geben kann!

Das ist meine eigene Reise!
Darum mache ich die Dinge,
auch auf meine eigene Art und Weise!
Dran bleiben!
Angreifen und festbeißen!

So viele reden einem rein!
Sagen nur, „dass man doch nicht kann"!
Doch das Gerde, es schwindet
Im Schall und Rauch!
Ich glaube an den Sieg und balle meine
Faust!

Refrain:
Sterne gehen auf
Wenn die Sonne am Himmel sinkt!
Wenn die Nacht, schwarz ist
Bin ich das Licht, das am Himmel
brennt!
Im schwarzen horizontalen –
Weltes Hintergrund,
werde ich flackern, schimmern, glänzen
Nichts was ich tue, ist umsonst!

Aufstehen wie ein Phönix

Ich ziehe durch wie ein Gewitter –
Weil ich unter Starkstrom steh!
Voller Energie geladen –
Auf jedem Weg, den ich begeh!

Ich schlage ein wie der Blitz!
Wenn es kracht und es zischt
Ich gehe aufs Ganze! Für mich,
zählt jetzt alles oder nichts!

Es ist mein FINALE
Mein letztes Spiel, welches ich austrage!
Mit Herzblut und vollem Einsatz –
Meine Leistung muss herausragen!

Eine Faust gibt die Haltung
Die andere wahrt die Deckung
Durchstrecken, durchziehen
Es ist ein Austeilen und ein Einstecken!

Nichts ist immer alles so –
Wie es vielleicht manchmal scheint
Die eigene Kraft, sei liegt immer in dir!
Dies wird immer und ewig so sein!

Wenn du Träume hast –
Dann musst du deine Träume leben
Wie steinig und hart es auch wird –
Deine Wege, werden andere für dich nicht
gehen!

Du hast den Traum, du hast das Ziel
Du hast deinen Plan
Ziehe durch und wenn du fällst, stehe auf –
Versuche es wieder und wieder –
Und noch ein weiteres Mal!

Refrain:
Beim Fall auf den Boden –
Musst du aufstehen wie ein Phönix!
Die Einstellung konstant halten,
wie das Zepter eines Königs!
Wenn du „flatterst", wenn du strauchelst
Bleibe in deiner eigenen Mitte, da –
Und alles prallt an dir ab –
Jeder Angriff, jeder Steinschlag!

Kein Pardon

Hin und wieder
Schlägt es mir aufs Gemüt
Niederschlag – Wolkenbett
Dunkle Wolke die aufzieht

Dämonen die da sind,
durchlöchern mein Gewissen!
-DRECKIGE GESELLSCHAFT-!
Sie sollen sich verpissen!

Trübe Bilder, farblose Auswege
Alles steht auf -NOT-
Der Alarm schlägt bis hinten gegen
Verdammt ich sehe -ROT-

Keine Gnade, kein Pardon
Ihre Härte ist wie Beton!
Ein kleines Glück, das sich niederlässt
Kleiner Tropfen, als ob ein Engel aufs Herz
pisst!

Das Missempfinden feiert –
Im tieftraurigen Zustand meines Seins!
Kleines Tröpfchen, spucke es aus
Ungenießbar bitter, dieser Schluck des
Weins!

Da gibt's nichts was mal gelingt!
Leben, das nur von Trauer singt!
Ich bade im Pech ganz ohne Glück!
Bei allem im Leben, es gibt kein Zurück!

Refrain:
Fehlschläge und Missetat
Irreparabel – ist die Zeit
Dämonen, die da wachen
sind aus längster Vergangenheit!

Fehlschläge und Missetat
Irreparabel – ist die Zeit
Dämonen, die da wachen
sind aus längster Vergangenheit!

Genau jetzt!

Ich gehe meinen Weg
In dem ich, mit meinem Fuß –
Den nächsten Schritt setz'
Für das Ziel,
welches ich erreichen möchte –
kommt die Zeit, diese
ist genau jetzt!

Jetzt pack' ich all dem Krempel zusamm'
Stecke all den Ballast eben in Flamm'
Ich breche auf nach Lust und Laune!
Sterne greifen anstatt Bauklötze staun'

Werde an Stelle von Luftschlössern
Stabile breite Brücken meiner Wege baun'
Robin Hood! Pfeil und Bogen!
Komm mit mir, gehen Pferde klaun'

Wenn in der Welt nichts mehr geht
Geht bei mir jetzt alles –
Und zwar leicht von der Hand!
Hindernisse und Blockaden,
es sind Ausreden –
In meinem Verstand!

Auch Vögel stehen auf bei Zeit!
Picken nach Würmern, weil sie hungrig sind!
Sie fliegen immer hoch hinaus –
Bei Regenfällen und hartem Gegenwind!

Manches Mal ist –
Meine Laune leider ein Flachdach!
Schlechte Laune,
an einem verdammt schlechten Tach!

Doch heut' hau' ich drauf!
Bis der Putz von den Wänden fällt!
Denn ich weiß einfach genau
Die beste Zeit man, sie ist genau jetzt!

Refrain:
An manchen Tagen bin ich platt!
Stimmung und Gemüt sind total matt!
Darum nutz' ich's jetzt! Weil's fetzt!
Morgen ist bald – und irgendwann,
ist vielleicht zu spät!
Darum ist die richtige Zeit –
Einfach genau jetzt!

Mit Rückenwind

Tausende Gedanken die kommen
Die auch wieder gehen!
Raue Stürme die sich legen
Eisige Winde die da wehen!

Die Zeit des Erfolges –
Sie wird bei Zeit auch kommen
Denn für viel zu spät,
habe ich schon längst begonnen!

Die Tage fürs Erreichen des Ziels
Diese sind gezählt!
Denn das Ziel erreicht nur,
wer sich zum Ziel bewegt!

Die Stationen aller Wege –
Sind Etappen die zu passieren sind!
Mal geht's rasch, mal stockend
Mal gegen Bäume, mal mit Rückenwind!

Gesetzte Ziele sind der Beginn –
Einer jeden Reise!
Egal ob groß oder kleine Schritte
Ob sanfte, stille oder leise!

Wichtig ist der allererste Schritt!
Er zieht alle weiteren mit sich mit!
Kraft, Wille und Hingabe –
Sie sind stärker als jede des Weges –
Niederlage!

Refrain:
Du hast es dir –
Schon oft selbst bewiesen!
Im Kampf gegen deinen Geist
Und auch gegen andere Riesen!

Dein Glaube –
Er versetzt Berge!
Das Ziel erreichen, ist die wahre
Vollkommenheit –
Deiner geschaffenen Werke!

Tiefschlaf

Was ist aus meinen Träumen
Und aus mir geworden?
Was ist nur mit mir –
Auf diesem Weg geschehen!?

Habe ich mich, irgendwie –
Denn irgendwo verloren?
Bin ich noch auf meinem Weg,
bin ich ihn noch am Gehen!?

Zwischen all dem Kummer
Und all der Trauer –
So frage ich mich selbst, bin ich noch da –
Ist es noch mein Weg!?

Getäuscht, unterwegs im Nebel
Von so langer Dauer!
Wache ich gerade wieder auf?
War mein Leben in den Schlaf gelegt!?

Refrain:
Bin ich in einen Tiefschlaf gefallen!?
Bin ich erwacht oder –
Weckte ich mich mit meinen Krallen!?

Meine Krallen, die durch mein Gesicht
Über meine Haut tiefbohrend gleiten!?
Eines weiß ich jedenfalls, das nehme ich
wahr!
Ich muss weiter gehen –
Meinen Weg, weiter bestreiten!

Rettungswache

Mein Schädel is voll mit Altlast –
Nix Weiteres, was mehr hinein passt!
Es is an der Zeit zu sortieren!
Rechnungen zu buchen und Mist
zu stornieren!

Ich benötige ein Systemupdate
Controlling ans Management –
Der Kopf is heiß
Und der Strohhut brennt!

System is overdosiert!
I`m out of order!
Kabelsalat im Schaltschank
Notprogamm läuft – RELOAD sei Dank!

Back up! Hallo! Hallo!
Madyday!
SOS – Totalabsturz!
Luft sie staut, Blockade!
Gib auf alles einen Furz!

Ich bin im Eimer
Alles ist für die Tonne!
Alles zu dunkel, im Arsch steckt –
Ganz fest die Sonne!

Rettungswache!
Rettungswache!
Ich springe aus dem Fenster
Wobei ich noch lache!

112 – 112
Lachend in die Kreissäge hinein!
Das ist ein klarer Fall von –
„Ich habe einen Riesenknall"!

ALG

Was ich hier verfasse,
ist wieder mal die harte Realität!
Dies ist der Moment, wo es –
Auf der Uhr die 13 schlägt!

In meiner Zeit der Arbeitslosigkeit
Da bekam ich wieder einmal –
Eine Maßnahme für ein
Bewerbungstraining
Ich selbst, bin schon als Dozent
Bei Bildungszentren als Fachkraft,
tätig gewesen für dieses –
Bewerbungsding…

All die Monate sie verstrichen!
Meine Sachbearbeiterin, sie meldete sich –
Mal im Schnitt so, alle 4 Monate!
„Corona-bedingt", versteht sich!
Jeder Anruft aber, prinzipiell einer –
Der ins Nix verlief!

Die Bildungseinrichtung,
bei welcher ich das Bewerbungstraining
absolvierte –
schlug mir im Nachgang vor, aufgrund
meiner kaufmännischen Kompetenzen –
Ich solle doch eine Weiterbildung beginnen,
„Digitales Vermarkten und Instrumente" –

Es sollte meinen Werdegang und dessen
Stationen
Doch fachlich souverän ergänzen!

Total begeistert von der Idee!
War ich auch motiviert angetan
Aber dann der Anruf meiner Betreuerin –
Dieser Sachbearbeiterin, kam

Diese Weiterbildung erscheine in ihren
Augen
So ihre Wortwahl;
„Für Sie Herr Hofmann, nicht geeignet"!
„Es fördere ja nicht den Erfolg, meiner
ohnehin –
Bei Arbeitgebern, hohen Bewerbungsanzahl"

Diese Weiterbildung, nun kommt der
Springende Punkt!
Ist ja, nicht kostenlos –
sondern mit Kosten verbunden!

Sie sagte ja; „Es wäre nicht von Sinn" –
„Auch mir nicht von Nutzen"!
Aber beliebig lange Monate Arbeitslosengeld
bezahlen!
Das ging, ich war echt verdutzt!

Diese netten, lieben, überdurchschnittlich –
Kompetenten Menschen bei Amt an ihrem
Werk!
Ich wüsste echt nicht, was ich bloß nur –
Ohne diese Unterstützung beruflich weiter
tät…!

Ich bekomme mehr Geld
Vom Arbeitsamt mit ALG 1,
in meiner Zeit der Arbeitslosigkeit –
Als wie zu arbeiten in Vollzeit,
in der Sklaverei von Leiharbeit!

Personaldienstleister
Sie sind wahrlich wahre
Menschen-Verheizer!
Eine wahre Sauerei!
Die Zeitarbeit, alles lachhaft –
Wie zu leben von ALG 2

Sie ziehen einen –
Über den ganzen Tisch!
Gleich dem Moment tun sie so,
als ob überhaupt nix weiter ist!

Bist du der Fisch an der Angel
Das arme Schwein am Haken –
So bringst du ihren, deine Sklavenscheine
In dem sie dich „verbraten"!

Atlantis

Ich tauche ein – in Atlantis
In der Stadt aller Herrlichkeit
Hier werden Träume und
Wünsche wahr!
Mein Atlantis!

Neue Kräfte, neue Ziele setzen
Gestärkt nach aller Bedrängnis
Manchmal ist das Leben mit allen
Pflichten und Normen ein Gefängnis!
So tauche ich ab –
Und ich tauche ein in mein Atlantis!

Ich tauche ein und denke
An keine Wiederkehr an die –
Gesellschaftliche Erdoberfläche!
Je tiefer ich tauche, desto weniger möchte
ich –
In das verbohrte Leben dieser Welt zurück!
Denn in Atlantis, finde ich mein Glück!

Steckbriefe werden nun bedruckt mit
meinem Bild
Suchaktionen nach mir, sie finden statt!
Ich bin in Atlantis und möchte dortbleiben –
Ich bin die Menschen und ihr Getue so satt!

Refrain:
Und ich bin;
Verschollen in Atlantis
In der Stadt tief unten im Meer
Meine Reserve war aufgebraucht!
Hier hole ich mir mein –
Lebensgefühl zurück!
Ich will mehr
Hier ist mein Paradies, hier ist das wahre
Glück
Einmal Atlantis und nie mehr zurück!

Voller Bilder reich

Meine Gedanken vermischen sich,
mit dem Bier, dass ich grad' trink!
Das ist auch der Grund warum ich –
Grad' in Erinnerungen versink!

Ein Schluck aus dem Glas
Und dazu'n Moment der mal war
Was sich verändert an der Zeit?
Verschwommene Bilder werden wieder klar

Wo bin ich gestrandet, auf dem Weg –
Meiner nun zurückgelegten Reise!?
Habe ich mich selbst abgelegt –
So, etwas verloren von mir, auf diese
Weise!?

Fragen die ich mir grad' stell –
In die dunkle Kammer meiner selbst!
Da waren mal Träume und Ziele
Ein Aufblühen, Aufbruch und Höhenflüge!

Was ist geblieben, was ist grad' noch da!?
Momente vergehn' nix bleibt wie es war!
Ich lese im Buch meiner Vergangenheit –
Finde keine Antworten auf all die Zeit!

Mit jedem Gedanken wird's schöner!
Denn im Hintergrund läuft so ruhige Musik!
Bei jedem hörbaren Instrument –
Spüre ich mehr, wie mein Herz doch brennt!

Sanfte Melodien, die da klingen!
Wie Balladen aus den 80ern!
Mein Inneres will mitsingen
Meine Seele möchte bleiben, die Momente
schimmern!

Refrain:
Schwimmen im Glas vor mir –
Noch mehr Erinnerungen!?
Oder verliere ich mich noch haltlos
und am Ende ist alles verschwunden!?

Jeder weitere Schluck aus'm Glas
Herrlich bekömmlich er sich erschleicht
Macht mir im Grunde nur bewusst –
Meine Seele ist voller Bilder reich!

Album 3

Die Musik in mir

Zitat über die Musik

Frieden

Bunte Ballons

Die „Kiddies"

~HAVANA~ Aus Marburg

Talgefühl

Am Leben

Die Zeit kommt

Erfolg liegt darin

Fühlst du das Leben?

Die Musik in mir

Diese Tage an denen ich –
Einsam da sitze und schreibe
So viele Melodien im Kopf
Die Musik spielt in mir

Ich gebe mich dem Papier –
Und meinem Füller hin
Gedanken sie sprudeln
Willenskraft, ich spüre sie in mir!

Die Musik verleitet mir
Kraft und Energie!
Ein Leben ohne Lyrik schreiben –
Ich wüsste nicht mehr wie!

Mein Körper im Ruhezustand
Doch der Kopf er tanzt!
Der Wille der mir flüstert –
„Probiere es, weil du weißt, dass du es
kannst"!

Auch wenn die Lichter erlöschen
Die Musik strahlt in mir
Auch wenn die Lieder mal zu Ende gehen
Die Musik spielt in mir!

Refrain:
Musik die mich bewegt
Musik die mir zeigt, dass es sich lohnt –
Dass man seine Wege geht!
Musik die mich abholt, die mich
begleitet
Musik die so viel gibt
Sie ist unbezahlbar – unerreichbar!

Musik die wie Sterne am Himmel tanzen
Musik so schön wie ein Sonnenaufgang
Diese Musik, so sagenhaft –
Vom ersten bis zum letzten Klang!

Zitat über die Musik

Als Empfehlung hinsichtlich der Musik,
kann ich nur ans Herz legen; „Urteile
nicht nach ‚schnulzig' – ‚abgedroschen'
‚öder Schlager'!!!
Oder auch nicht;
‚geiler abgefahrener Metal-Sound'
Sowie;
‚Bass-Gedöns' von Techno und Trance

Ein Künstler verrät ja, nie das Geheimnis –
Seiner Kunst, aber ich verrate eines;
Dass jede Art von Musikrichtung, jeder Stil –
An meiner Persönlichkeit positiven Einfluss
genommen hat!
Zudem halfen mir die einen oder anderen
Künstler/innen durch schwere Lebenslagen!
In diesem Sinne;
Zitat über die Musik –

Ich habe Bilder von Straßen und Menschen
gesehen
Lebensgeschichten, Schicksalsschläge –
Welche unter die Haut gehen!
In vielen Dingen sind wir uns so ähnlich!
Verstehen uns aber untereinander nur selten!

Denn wir haben Narben, die wir tragen –
In unterschiedlichen Körpern, doch die
Gründe –
Sind oftmals doch dieselben!

So ziehen wir Bahnen,
entlang all der Straßennamen
Geschichten beginnen –
Geschichten enden
Manche Straßen führen ins Nichts!
Auf manchen kannst du noch wenden!

Frieden

Nach all den Texten die entstanden sind
Und auch die, die noch entstehen werden
Muss ich mal wieder nach und nach,
zu leben, neben den Zeilen, lernen!

Ich versinke einfach viel –
Viel zu oft, in den Gedanken
Bin dem Schreiben verfallen, somit
dem Gefühl von; „Es ist schön" –
Den Füller in der Hand zu halten!

Sie sind ein Rausch, ein Erguss –
All die Zeilen die da fließen
Alte Träume mit neuen Ideen,
die sich verbinden, die da sprießen!

Die Uhr des Lebens tickt!
Jedes Wort, das ich verfasse –
Erscheint mir so,
dass ich keine Zeit im Augenblick vergeudet
habe!

Ich mag einfach sehr – die Worte!
Die Sprache, jede Zeile, jeden Reim!
Schreiben ist mein Leben!
Dies meißele ich den Stein!

Bei all den schlechten Nachrichten –
Bei allen Tragödien in dieser Welt
Die Worte sollen berühren, ernüchtern!
Bis die letzte Waffe endlich zu Boden fällt!

Ich schreibe und dichte bis –
Rosen endlich als Regen vom Himmel fallen!
Das Leben ist so schön zu leben,
dem Letzten, muss es nur endlich auch
auffallen!

Friedenstauben, sie sollen fliegen!
Sollen in aller Sprache Liebe senden!
Solange es keinen Frieden gibt –
Solange, werden meine Texte auch niemals
enden!

Bunte Ballons

Bunte Ballons sollen fliegen
Sollen allesamt gen Himmel steigen
Zur Freude des Tages sollen alle –
Läden und Salons geschlossen bleiben!

Auf den Straßen Hupkonzerte!
Friedlicher Tumult!
Der Frieden muss gefeiert sein!
Er ist Kunst, er ist Kult!

Sendet endlich doch mal Liebe!
Botschaften aus tiefem Herzen!
Schluss mit Gewalt und Kriegen!
Die Welt erliegt noch ihren Schmerzen!

Lasst uns mehr für Frieden tun!
Viele Herzen haben Löcher, sind vernarbt!
Wenn die Erde in ewigem Leid lebt –
Dann dauert es nicht mehr lange, bis zu
unserm'
-Letzten Tag-

So sende ich diese Zeilen
Von einem Ort bis zum Nächsten
Vom nächsten Ort geht's weiter um die
Welt!
Leute teilt, teilt, teilt!!! Was das Zeug hält!

Refrain:
Los mach mit, wirke –
Und trage auch dazu bei
Je mehr dabei sind, umso –
Weniger sind wir dann allein!

Kommt schon, feiert mal das Leben!
Alle zusammen, jetzt gemeinsam!
Lasst uns endlich Waffen niederlegen!
Tränen, Trauer, Leid –
Ich kann es nicht mehr hören und nicht
mehr sehen!!!

Die „Kiddies"

Ich hab' keine Zeit mehr zu verlieren
Vor allem nicht,
sie an Idioten zu vergeuden!
All die Deppen die so tun, als ob
sie etwas können!
Sich gegenseitig nur belächeln –
Und eine Hand voll Dreck –
Prinzipiell einem nur gönnen!

Zu kostbar ist mir die Zeit
Meine, mit solchen Schmocks zu verbringen
Die träumen davon, was sie so tun
Viel mehr versuchen –
Tun so, als ob sie vor Wunder etwas
können!

So viele Deppen und Idioten
Die würden heulen, wäre Dummheit hier
verboten!
All die „Kiddies" und ihr Kindergarten!
Vor Wunder was sie glauben,
was die wohl von sich erwarten!?

So viel wert wie Fliegenschiss, deren
Werdegang
Sie stoßen ständig an –
Weil ihr Gedächtnis, stark begrenzt ist man!
Auf jeden, Alter! Man!

Beleidigungen sind eigentlich –
Nicht im Sinne von meinem Werk!
Doch mir kommt echt das Kotzen, im Ernst!
So „Möchtegern-Selbstdarsteller",
a la Zirkussorte!
Beim Knall schießt Konfetti –
Und Leere aus der Geburtstagstorte!

~HAVANA~ Aus Marburg

Ich sitze diesen Abend –
Am Tisch im ~HAVANA~
Lange Zeit schon her,
als ich zum letzten Mal da war!

In dieser schönen Cocktailbar
Welche direkt auch liegt, an der Lahn
Sie lädt ein, im gedimmten Licht
Im kubanischen Ambiente zu –
Einem manch köstlichem Gericht

Auch auf eine Tasse Cappuccino
Diese ich mir gerade gönne
Spätsommer, sommerliche Frische, herbstlich
Doch hier ist es gemütlich, also es regnen
könne!

Während ich diesen Text verfass'
Macht der Barkeeper hinter der Theke –
Cocktails und andere Getränke zum Verzehr,
fertig –
Ja es ist herrlich schön und köstlich, gar sehr!

Und ich genieße den Cappuccino
Er ist wahrlich erste Sahne!
Welch herrlich schöne –
Spätsommerliche Marburger Tage!

Und dieses idyllische, mit Altholz
Eingerichtete Gasthaus, welches es doch ist
Es ist wahrlich zu empfehlen –
Weil dieser Anblick echte ~HAVANA~ -
Atmosphäre verspricht!

Talgefühl

Was bewegt mich gerade!?
Welches Gefühl überwiegt!?
Ist es ein Hoch, ist es ein Tief?
Kopf in den Sand oder
Flügelschlag – und flieg'!?

Es ist so mittendrin
Also irgendwo dazwischen –
Von Gefühl zulassen und
Gefühl schnell überdecken müssen!

Gefühl und Gewissen
Tragen oft meine Partie aus!
Mein Eingriff, erscheint schwierig!
Es gibt keinen Dankes-Applaus!

Mein Hochgefühl –
Es will in Leichtigkeit aufstreben
Doch mein Talgefühl
Es hält mit Widerstand kräftig dagegen!

Ich habe es nicht leicht –
Denn die Beiden, sie spielen täglich!
Ich als das Schiedsgericht,
unparteiisch zu entscheiden, echt schwierig!

Manche Tage, sie gehen unter die Haut
Manche Tage, wo man sich nicht –

Vor die Türe traut!
Meinen Weg, den muss ich allein finden!
Alle Stürme, alle Rauheit –
Spüren, fühlen – überwinden!

Am Leben

Die Einen jagen den Millionen nach
Die Anderen müssen sich ständig –
Einen neuen teuren Sportwagen fahren
Ein wieder Anderer, muss ständig
Auf teurer Reise sein!
So unterschiedlich kann die Erfüllung
Und auch dessen Bedeutung von
„am Leben" sein

Ich besitze nicht viel!
Ich arbeite, verdiene meinen Unterhalt
Schreibe halt jede freie Minute einen Text
Somit ist meine Freude doch gedeckt!

Kleinigkeiten, die eine große Freude bringen
Sind wie Lieder, die vom Leben singen!
Im Herzen bin ich doch wahrlich reich!
Denn ich schreibe und spüre ich lebe, somit
zugleich!

Über jede Kleinigkeit zu schreiben –
Ist sie auch noch so banal
Wie mein Herz sich daran erfreut,
Leben ohne Auto, Geld, ich lebe wahrlich,
ja!

So schreibe ich übers Leben
Über Momente die sich ergeben
Alles noch zu wohltätigem,
gesellschaftlichem Zweck
Meine Texte sind aus Lebenslagen –
Allesamt verfasst, lebensecht!

Die Zeit kommt

Meine Zeit wird kommen
Dann bin ich gefordert!
Ich bereite mich darauf vor!
Auf das Leben! Bei meinem Wort!

Ich werde da sein –
Wenn die Zeit gekommen ist
Ohne Witz, mein Ernst!
Nein, ich vergesse es nicht!

Ich kann verlorene Zeit,
nicht wiederholen
Vergeudet oder vertan –
Zeit wird oft geborgt oder gestohlen!

Leben entsteht
Leben vergeht
Leben ist Zeit,
die Zeit, in der man das Leben lebt!

Augenblick der vergeht
Der in Erinnerung dann steht!
Momente bleiben nicht für immer!
Ich lebe so als – wäre die ganze Welt mein
Zimmer!

Das Dach der Welt
Es ist die Familie!
Was auch geschieht im Leben –
Wie viele Wolken auch ziehen!

Bei allem Glück
Bei aller Trauer
Es gibt nicht für immer nur –
Den Regenschauer!

Die Sonne schläft
Die Sonne scheint!
Die Seele fühlt
Das Herz ist groß und weit!

Erfolg liegt darin

Nicht mehr über Träume reden
Nicht mehr von Zielen sprechen
Pläne schmieden, in Taten umsetzen
Beginnen – starten – aufbrechen!

Jedes Erzählen von Träumen,
Zielen und auch Ideen –
Lassen zwar Herz und Seele blühen
Aber so wird Realität nicht entstehen!

Keine zu hohen Ziele setzen!
Klein beginnen, größer werden!
Wo Träume enden, müssen neue kommen
Erfolg liegt darin, anzukommen!

Keine leeren Versprechen mehr!
„Hätte, wenn, aber – und knapp vorbei" –
Vergessen! Vergiss es, ist rum!
Konzentriere dich auf die verbleibende Zeit!

Ein Träumer der träumt
Auch mal schön,
wenn man die harte Realität süß versäumt!
Doch der, der an Ziele glaubt
Diese auch verfolgt –
Der alles gibt, der dran bleibt –
Darin liegt der Erfolg!

Erfolg ist harte Arbeit!
Er besteht aus langen Wegen!
Es wird hart, es wird schwer –
Nur Wenige, die diesen Weg bis zum Ende
gehen!

Refrain:
Bei allem was auch kommt
Gib niemals auf!
Darin liegt der Erfolg!
Nur wer dran bleibt, dran glaubt –
Nur der kann sehen,
wie er seinen Weg aufbaut!

Fühlst du das Leben?

Fühlst du deinen Herzschlag,
so wie den Bass eines Liedes!?
Fühlst du die Euphorie der Seele,
als ob du abhebst und fliegst!?

Fühlst du den Moment,
wie die Flammen schlagen!?
Fühlst du wie das Feuer brennt?
Mit aller Kraft deine Flügel schlagen!

Fühlst du raue Stürme,
in einer sehr eisigen Zeit!?
Fühlst du auch die sanften Winde?
Sie erscheinen wie eine angenehme Ewigkeit!

Gehe wohin dein Herz dich führt!
Du bewegst was dich bewegt!
Wenn das Leben dich berührt
Ist es für keine Zeit – jemals zu spät!

Refrain:
Fühlst du das Leben?
Fühlst du das Leben?
Atmen, spüren, lachen –
Reden

Spürst du dein Sein?
Spürst du das Wahre?
Denken, trauern, weinen –
Du bist du! Du bist stark!

Album 4

Jetzt vs. Später

Für deinen Weg

Die Cocktailbar

Bierdeckel gestapelt

Jetzt vs. Später

Das hier ist ein Rap-Battle
Zwischen:
Jetzt – später oder nie!
Das fetzt, versteht ihr oder!?
Was!? Wie!?

Du gehst grad' mal mit 7 Jahren –
Zur Schule – Einschulungstag!
An dem bekommst du schon gesagt;
„Lerne, lerne, lerne – und denke an später"!

Dann bist du 11 oder 12 Jahre alt
Langsam wächst und reift dein Verstand!
An jenem Tag bekommst du gesagt –
„Denke an später – du musst sparen,
denn mit 18 musst du Autofahren"!

Dann bist du 17 oder 18
Ausbildung oder Studium
Kurz gesagt, kurzum – spare und sichere dich
ab!
Na los! Denke an später!
Denke an deine Rente!
Sonst kommst du unter die Räder!

Und dann bist du auf der Arbeit
8 Stunden oder mehr deines Tages, Vollzeit!
Aber vergiss nicht, denke an später!
Und du denkst an deinen Urlaub –
Vor deinem Burnout!

Du lebst immer im Jetzt!
Aber du denkst doch nur an später!?
Dein Leben, es zieht an dir vorbei!
Du bist nur ein Mechanismus der Zahnräder!

Vaterstaat hat es treusorgend hinbekommen!
Sollst nicht überlegen, nicht leben, nicht
reden!
Nur funktionieren – immer nur geben!
Alles für später, später – später!
Etwas anderes hörst du doch nie!

Scheiß mal auf -später-!
Lebe dein Leben!
Denn nach dem Tod, lebt keiner mehr hier!
Auch nicht später!

Für deinen Weg

Das Leben ist ein schöner Ort
Ein schöner Platz
Nur die Gesellschaft sie –
Sie ist ein raues Pflaster!

Achte, egal wohin du dich bewegst
Stetig auf dein Herz!
Trage für jeden Augenblick bei dir –
Ein „Notfallpflaster"

Eines, das dir immer wieder sagt –
Und dir immer wieder zeigt –
„Das Leben ist schön – es ist deins"!
Auch in einer stürmischen Zeit!

Du sollst auch wissen –
Du wirst geliebt
Doch lerne an Selbstliebe, pflege sie –
Und vergesse oder verkratze diese nie!

Denn deine eigene Liebe, Liebes
Sie ist dir treu und ewig in diesem Leben!
Ich möchte dir stets doch das Beste,
mit auf deine Wege geben

Die Cocktailbar

Ich sitze hier so da
Am Eingang dieser Cocktailbar
Ich höre Unterhaltungen über –
Arbeit, Probleme, Konflikte
Und wie gut, aber auch das Essen schmeckt
Während all die Leute ihre Speisen –
Verzehren, hat mein Handy WLAN –
In der Umgebung entdeckt und ausgecheckt!

Da erscheinen und blinken am Display –
Die kuriosesten und schrillsten
WLAN-IP-Adressen auf,
wie etwa „Daisy die Geile", „Cappuccino"
„Kalte Currywurst", „Biogemüseauflauf"!

Während jeder Vorgang, jedes Geschehen so
passiert –
Ist es jeder Moment, den ich beschreibe,
der hier am Papier mit Tinte trocknet und
einzieht
So steht wieder ein Stück Leben auf diesem
Blatt
Eine Cocktailbar, die Geschichten zu
erzählen hat!

So sauge ich die Situation auf
Verfasse diesen Text im Reim und bringe es
raus
Veröffentlicht, publiziert – es ist dann zum
Lesen da
Ein Stück Leben zum Erhalt, so wunderbar!

Ich sitze und schlürfe, genieße ein Bier –
an diesem schönen Sommerabend hier –
In dieser herrlich schönen Cocktailbar dieser
Stadt,
die für mich zum Schreiben, wieder
Momente hat

Doch es wird spät und für mich –
Wird's auch allmählich Zeit
Ich gehe bald nach Hause, am Abend
In der abendlichen Sommer-Dunkelheit

Durch die Eingangstüre, welche auch –
Der Ausgang ist, betrete ich nun den
Pflasterstein
So herrlich schön und fein,
kann ein Abend in der städtischen
Cocktailbar doch sein!

Bierdeckel gestapelt

Wir ham' uns sau-lange nicht mehr gesehen
Wie die Dinge im Leben halt vergehen!
Da waren Abende „voller Leben"!
Jede Zeit wird's nur einmal geben!

Auch heute sehr ich jährlich –
In „alter Marotte" die Partyzettel in den
Dörfern hängen!
So bleibt doch bestehen, was besteht!
Nur die Freundschaften sind vergänglich!

Bilder ziehen im Rausch vorbei
Krach und Lärm – im Suff und in Qualmerei
Heiter war manche Nacht auf der
Glastanzdiele
Eine gute Zeit und auf die Lebensziele!

Die Gläser hoch, auf ein „PROST"!
Nur die Bilder die auf Dauer bleiben!
Wege beginnen, Wege enden –
Bei den Lebensgeschichten die wir alle
schreiben!

Bridge:
Was hat die Zeit aus uns gemacht!?
Sind wir nur noch Bilder aus langer
Vergangenheit!?

Wir waren mal „dicke"
Vertraute Freunde!
Auf getrennten Wegen –
Laufen wir heute!

Refrain:
Wir haben manche Nacht
Zum Tag gestaltet!
Die Luft hat geklebt
Haben die Bierdeckel gestapelt!
Die Erinnerungen bleiben matt
Doch in diesem Text kommt nochmal –
Hochglanz auf!
Alles Geschichte, alles vorbei!
Zurück bleibt nur ein –
Leerer grauer Raum!

„Hasta la vista – Depressiva"!

Auszug aus dem Depri-Tagebuch!

VON VORNE WIE VON HINTEN

UND

VON HINTEN WIE VON VORNE

Eintrag 1:

Schon seit geraumer Zeit leide ich an
Schlaf,- und Essstörungen!
Auch an Beeinträchtigung des
Sehens, An- und Verspannung!
Atembeschwerden, Schmerzen auf
der Brust und auf der Lunge!
Nackenschmerzen, Nervenzucken,
ein Kribbeln unter der Haut!
Meine Asthmabeschwerden sind
schlimmer, ich habe Unruhe,
Herzrasen und wahre
Hitzeauswallungen!

Ich befinde mich ständig in Gedanken, mache mir welche über meine
Gesundheit und über mein derzeitiges und bereits gelebtes Leben!

Morgens bin ich so müde und platt, schon direkt beim Aufstehen! Übelkeit und Schwindel vernehme ich. Beim Frühstück ist mir übel. Wenn ich Lebensmittel verzehrt habe – ich bekomme wie eine Art „stocken" beim Schlucken, dazu Magen- und Darmbeschwerden!

Nur wenn ich schreibe, wirke ich oder viel mehr wirken die Symptome wie betäubt oder wie „abgelenkt". Obwohl ich immer und immer wieder über meine Symptome schreibe, verändern sie doch nicht!

Seit dem November des Jahres 2020 hat sich der Wert meiner Lungenfunktion von 100% auf 80% reduziert. Stress, Überforderung,

Schlafmangel- bzw. Störung, Asthma-Beschwerden sind mehr als akut!

Immer wieder denke ich in diesen Momenten darüber nach, es keinem zu sagen! Denn jeder hat seine eigenen Sorgen und Probleme! Zudem kann mir auch niemand wirklich helfen, weder den Ballast noch das Leid zu lindern gar zu nehmen!

Außerdem habe ich selbst ein Kind! Für dieses möchte ich so gut, wie es eben geht da sein! Also denke ich wie gerade in diesem Moment;
„Egal was ich auch habe, wenn ich irgendwann nicht mehr kann und die Zustände sich verschlimmern, dann sterbe ich halt!"
„Jeder muss es irgendwann, so oder so"!

Bedauerlich und schmerzhaft ist natürlich dieser Gedanke, wenn ich mir vorstelle – dass ich mein Kind nicht mehr beim Aufwachsen zuschauen kann!

Dies tut verdammt weh, aber ich kann mich selbst auch nicht heilen!
Diese Gesellschaft ändert sich auch nicht!
Sie wird es auch niemals tun!

An so vielen Tagen meines Lebens, bin ich innerlich schon längst tot!
Eigentlich ertrage ich alles nur noch, - mehr oder weniger!

Sodbrennen, Übelkeit und Sehstörungen sind gerade wieder deutlich und extrem, fühlbar und spürbar!

Immer hieß es in der Vergangenheit bis dato – in den anhaltenden Untersuchungen beim Neurologen nach MRT, EKG, Bluttest –
„Das doch alles in Ordnung sei"!

Ich fühle aber innerlich, dass gar nix in Ordnung ist!
Aber wie soll auch jemand fühlen, wie ich es im Innern fühle!?
Wir können uns alle nur auf die Nase und vor die Stirn schauen!

Aber wir können in niemanden
hineinsehen!

Prinzipiell bin ich doch wie jeder
Mensch auf dieser Welt –
Nur ein „einsamer Furz im Wind"!
Manche leben halt;
Lang – freudig und vollkommen in
allen Zügen des Genusses
Und jene halt;
Kurz – im Leid und Kummer beladen
mit Last und Qual und Schmerz, bis
sie halt elendig zugrunde gehen!

Wahre Gerechtigkeit gibt es nur bei
Gott allein!
„Ein Furz im Wind" verweht!
Egal ob lang oder kurz – jeder
verweht!

Schreibe ich Therapie

Tagsüber ein Vater und Arbeiter
Abends schreibe ich Therapie!
Psychosomatische Scheiße!
Also depressive Tagebuch-Poesie!

Ich verfasse Texte und Reime
Um mit dem Leben klarzukommen!
Für eine Sortierung/Neustart –
Hat zu vieles schon längst begonnen!

An manchen Tagen, da bin ich –
Vollkommen und restlos im Arsch!
Nerven sie kribbeln unter der Haut
Nervosität bis zum Anschlag!

An diesen Tagen,
da weiß ich, einfach nicht mehr weiter
In diesen Momenten erscheint mir
nichts wie, aufgeben leichter!

Vieles mache ich halt weil,
ich es einfach muss!
Geld für den Unterhalt erbringen
Zu jedem Monatsabschluss!

Wie ich leide, was ich im Innern ertrage
–
Weiß niemand, wird auch niemals
jemand erfahren!

Auf die guten Zeiten

An so vielen Tagen,
sitze ich verloren einfach da
Hoffnungen und Träume fern –
In Gedanken tief versunken!
Manche Träume sind geplatzt!
Viele Ideen einfach weggespült!
Herz und Verstand traurig –
Aber nüchtern und kühl!

Keine klaren Gedanken
Bilder und Momente die sich
aufstau'n
Dünner feiner Hauch zwischen;
Verloren sein und leben im Traum!
Ein solch schmaler Grat zwischen;
Abflug und Absturz!
Gewinner, mal der Sieger sein –
Nur Wunsch, sein aber ist absurd!

Meine Werke werden ohne Erfolg
sein
Ohne Erfolg auch bleiben!
Was auch war, was noch kommt
Auf die guten Zeiten!
Auf das neue Blüten blühen!

Wenn die, die welk sind – dann
vergehen
Auf des Lebens Glück –
Davon bin ich entfernt, ein weites
Stück!
Eintrag 2:

Jeden Morgen wach ich auf mit
pfeifenden und schmerzenden
Bronchien. Es fühlt sich an, als
würden sie zerreißen!
Aber ist total egal – denn bald läuft
das Arbeitslosengeld wieder aus
und ich muss ja arbeiten!

*Dies ist das Allerwichtigste in unserer
tollen, liebevollen, füreinander
beachtenden Gesellschaft!*

Noch einen Monat bis zum nächsten
Termin bei meinem Lungenfacharzt,
ich weiß jetzt schon, dass die Werte
sich nicht verbessert haben. Auch bei
der 2-fachen Dosierung meines
Medikamentes nicht – denn ich spüre
keinerlei Veränderung bzw.
Verbesserung!

Ich habe also inzwischen über ein halbes Jahr fortlaufend im letzten „Loch" gelebt, habe es mit den Nerven mittlerweile und meine Lunge fühlt sich an, als wäre sie ein Reibeisen!

Irgendwie habe ich das Gefühl, dass ich nicht alt werde, dass mein Ende bald naht!

Das Traurige an der ganzen Sache ist, dass ich viele Texte verfasste habe, so einige Bücher geschrieben habe – ich aber nie den gewünschten Beruf als Autor ausüben konnte, durfte, finanziell nicht machbar war, wie auch immer!
Ich habe immer nur beschissene, verdammte Jobs angenommen um mich wie jeder andere „Furz im Wind" über Wasser zu halten!

Das war also der geniale Sinn meines Lebens!?
Yeah!
Ich habe Schmerzen körperlich sowie seelisch, dies sind einfach die

Gründe warum ich gar nicht anders kann, wie Depressives zu schreiben!

Jetzt geht's beruflich bald weiter, nächste Station im Werdegang oder auch Verweilzeit bis zum Tode!
Wieder mal nicht als Autor!
Mein einzig großer Traum, bleibt somit ein Traum!
Ich habe, wirklich das Gefühl, dass ich nicht alt werde!

Meine Seele hat seit der Kindheit an schon immer nur gelitten! Asthma-Bronchiale, Panikattacken, jetzt kribbeln mir meine Nerven noch.

Ich bin psychisch so am Arsch! Ein totales seelisches Wrack!
Aber immer und immer wieder ist es im Leben wichtig;
Arbeit zu haben!!!
Um schließlich den schönen Unterhalt leisten zu können!

Die Pyramide des Lebens besteht aus den folgenden 5 wichtigen Punkten!

1.ARBEIT! ARBEIT! ARBEIT!
2.GELD – UNTERHALT –
STEUERZAHLER
3.GESELLSCHAFTLICHER STAND
4.KFZ BESITZEN,
SACHGEGENSTÄNDE
5.FUNKTIONELLER MENSCH ZU SEIN

Achso, Gesundheit, Zufriedenheit
und Leben – dies bringt kein Geld, ist
also nicht wichtig, also im Prinzip
SCHEISSEGAL!
Dieses beschissene und primitive
menschliche Verhalten, ein
Käfiggefüge welches sich der Mensch
selbst so wunderschön, engmaschig,
eloquent, nach aller Norm –
konstruiert hat!

Mir geht's beschissen, wie nie noch
nie zuvor in meinem Leben!
Ein erster Zusammenbruch im Jahr
2013 – Burnout!
Dies ist nun fast 8 Jahre jetzt her!
Meine Zeit der „gewünschten"
Genesung zwecks einer 5-wöchigen
REHA nun inzwischen 6 Jahre!

Sie erwarten immer nur von einem,
dass man funktioniert! Dass man
arbeitet! Dass man leistet! Geld
verdient und Erfolg verweist!

Leben,
glücklich sein –
Davon will und soll der Mensch nix
wissen!

Arbeiten!
Arbeiten!
Arbeiten!
Um jeden Preis, bis du halt tot
umfällst!
Dann wird aber immerhin, vielleicht
–
Wenn du Glück hast, selbst wenn
nicht, bekommst du ja nicht mehr
mit... –

... Wird vielleicht mal geweint!

Einer dieser Tage

So ein Text mit dem Beat
Entsteht an so einem Tag wie heute
Wo ich mal wieder früh aufstehen
musste – trotz meiner Müdigkeit und
ich mich „schlags-kaputt" fühle, aber
ich muss ja meinen
Bewerbungsstands-Nachweis zum
Arbeitsamt bringen!

Er hat einen an der Klatsche!
„Bom-Bom-tsch – Bom-Bom-tsch"
Das ist eine bittere Tatsache
„Bom-Bom-tsch – Bom-Bom-tsch"

Ihn hat das Leben weggewichst!
„Bom-Bom-tsch – Bom-Bom-tsch"
Nee, da machst du nix!
„Bom-Bom-tsch – Bom-Bom-tsch"

Ob dies Kunst ist, weiß ich nicht –
Aber es war aus Übermüdung,
Schlafstörung, wie es mir halt geht –
Nh! Mal eben festhalten!

Ohne Kaffee steht er auf'm Schlauch
„Bom-Bom-tsch – Bom-Bom-tsch"
Seine Dosis Koffein braucht er auch!
„Bom-Bom-tsch – Bom-Bom-tsch"

Ach Leute, wenn ihr in mich
hineingucken könntet, *lach*
Mhm
Naja, drehe ein bisschen ab, mache
aus bitterem Ernst eine kleine
Lustigkeit!
Mal ne Art neue Kunst, statt immer
diese tiefgründige Scheiße und zu
viele Gedanken übers Leben
machen...

Ihr „Gebabbel haure morn"**
„Bom-Bom-tsch – Bom-Bom-tsch"
Da brauch ich'n Appel un'n Korn!
„Bom-Bom-tsch – Bom-Bom-tsch"

Lache mich weg

Einfach zu viel von mancherlei
„Bom-Bom-tsch – Bom-Bom-tsch"
Macht „scheißegal" und mir einerlei!
„Bom-Bom-tsch – Bom-Bom-tsch"

** „Gebabbel haure morn" ist aus dem „Dorf-
Platt" und bedeutet;
Denen ihr Gerede am Morgen!